まちごとアジア

Iran 001 Iran

はじめてのイラン
「シルクロード」たどってペルシャへ

ایران

Asia City Guide Production

【白地図】イラン

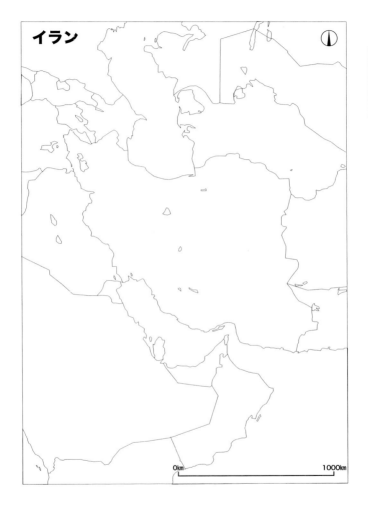

【白地図】イラン中心部

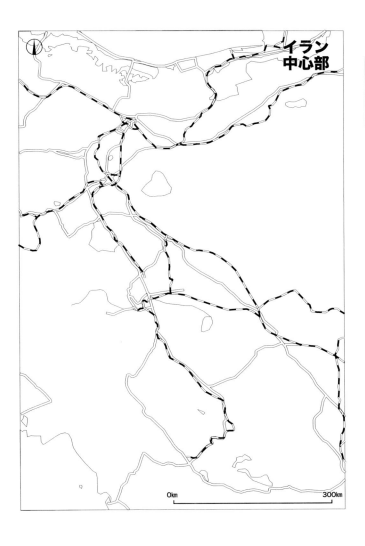

【白地図】テヘラン

ASIA
イラン

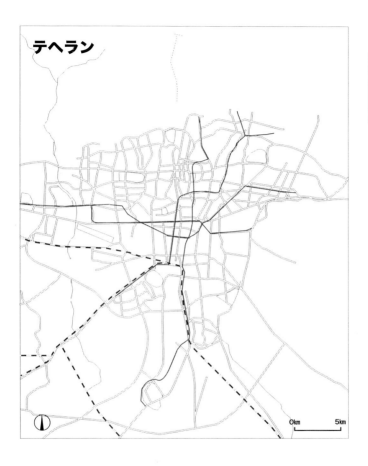

【白地図】テヘランバザール

ASIA
イラン

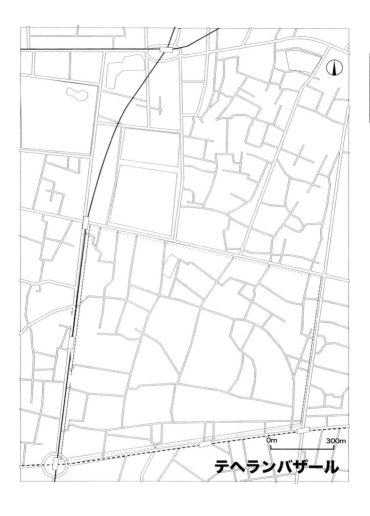

【白地図】フェルドゥシー通り

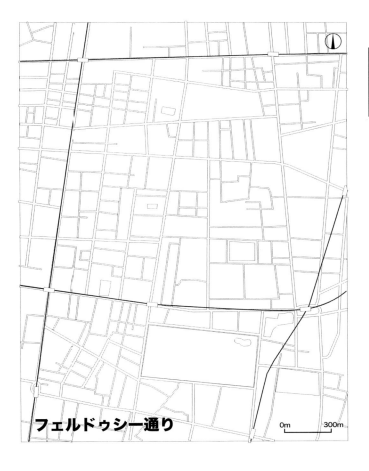

フェルドゥシー通り

Iran 白地図

【白地図】イスファハン

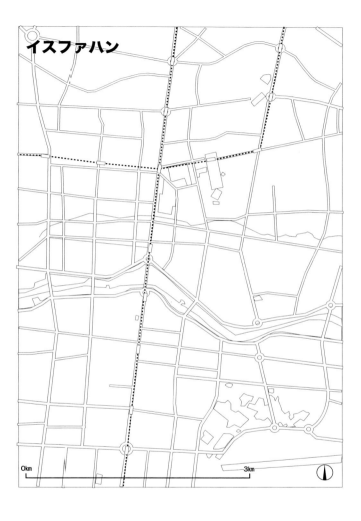

【白地図】イマーム広場

ASIA
イラン

イマーム広場

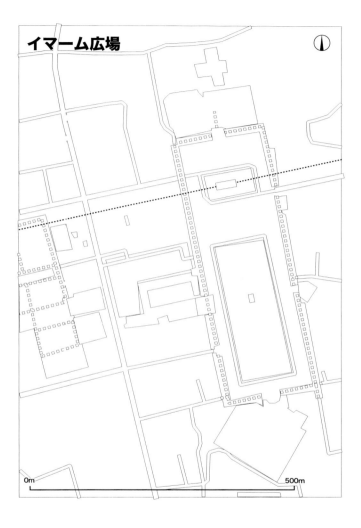

Iran 白地図

【白地図】シーラーズ全体図

ASIA
イラン

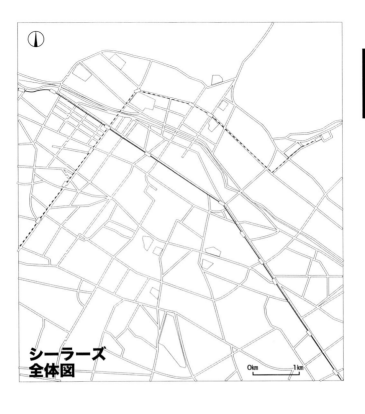

【白地図】シーラーズ旧市街

ASIA
イラン

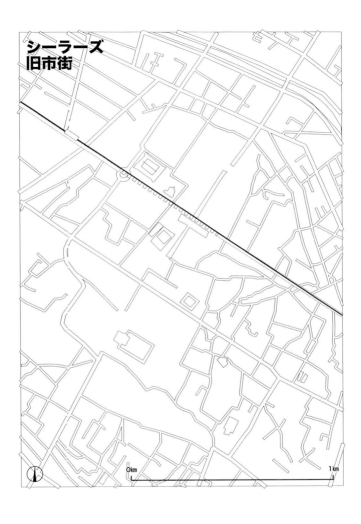

【白地図】シーラーズ〜ペルセポリス

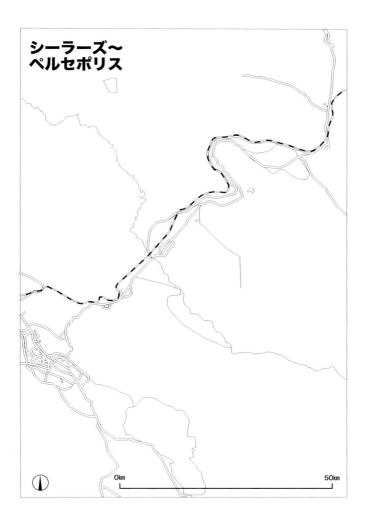

【白地図】ペルセポリス

ASIA
イラン

ペルセポリス

Iran ｜ 白地図

【まちごとアジア】
イラン 001 はじめてのイラン
イラン 002 テヘラン
イラン 003 イスファハン

ASIA
イラン

イラン 004 シーラーズ
イラン 005 ペルセポリス
イラン 006 パサルガダエ（ナグシェ・ロスタム）
イラン 007 ヤズド
イラン 008 チョガ・ザンビル（アフヴァーズ）
イラン 009 タブリーズ
イラン 010 アルダビール

乾燥した西アジアのイラン高原に位置するイラン・イスラム共和国。ここはもっとも古い文明が育まれたオリエントにあたり、紀元前6世紀にそれまでのメソポタミア文明を受け継ぐかたちでアケメネス朝ペルシャが樹立された。ペルセポリスはそのときの宮殿跡で、以後もパルティアやササン朝などの古代王朝が興亡を繰り返した。

7世紀にアラビア半島にイスラム教が興ると、この地もイスラム化し、古代ペルシャとイスラム文化が融合したイラン・イスラム文化が生み出され。なかでも17世紀にシルクロード

Iran
ایران
イラン

　交易の富を集めて築かれたサファヴィー朝の都イスファハンでは、ペルシャ芸術の粋を集めたモスクや宮殿が見られ、「世界の半分」とたたえられるほどだった。

　このように古代から中世にかけて世界有数の繁栄を見せていた歴史的イランは、現在の国土をはるかに超える中央アジア、北西インド、イラクなどに広がり、現在でもそれらの地域にはペルシャの影響が見られる。もともとペルシャとはファールス地方をさすギリシャ側からの呼称だったが、現在では古代ペルシャを建国した「アーリア人の国」を意味するイランが正式名称に使われている。

【まちごとアジア】
イラン 001 はじめてのイラン

目次

はじめてのイラン …………………………………………xxiv

悠久のときを刻むペルシャ…………………………………xxx

テヘラン ……………………………………………………xl

テヘラン城市案内……………………………………………xlv

イスファハン…………………………………………………lviii

イスファハン城市案内………………………………………lxv

シーラーズ …………………………………………………lxxx

シーラーズ城市案内…………………………………………lxxxv

ペルセポリス …………………………………………………xcvi

ペルセポリス鑑賞案内………………………………………ciii

イスラム空間の魅惑…………………………………………cix

【MEMO】

【地図】イラン

悠久の時を刻むペルシャ

ASIA
イラン

イスラム教国、歴史の国、芸術の国
2500年の長きにわたって歩んできたイラン
多様な魅力をもつ中東の国

美しきペルシャ芸術

奈良、正倉院宝物殿には、白瑠璃碗や鳥の口のかたちをした水差し、パルティアン・ショットと呼ばれる狩りの様子が描かれた銀の壺などが安置されている。聖武天皇の愛用した8世紀の品々をはじめとするそれらの宝物は、3世紀から7世紀にイランにあったササン朝ペルシャの様式で、シルクロードを通ってはるばる日本にまで伝わることになった（ペルシャでつくられたもの、中国でつくられたものなどがあるという）。紀元前6世紀から続くペルシャは、その長い歴史のなかで、美しい芸術を生み出し、古代オリエント文化の傑作

▲左 ペルシャ王への貢納、ペルセポリス。 ▲右 天空に浮かぶドーム、イスファハンのイマーム・モスク

ペルセポリスをはじめとする遺構、7世紀以降イスラム化したあとではモスクや宮殿などで傑出したイラン・イスラム文化が見られる。それらイランで生み出された芸術や文化はイスラム世界のみならず、ヨーロッパやインド、中国にも影響をあたえている。

イスラム教国

古代ペルシャではゾロアスター教が信じられていたが、7世紀にアラビア半島でイスラム教が興るとイランもイスラム化していった。イスラム教では唯一神アッラーが信仰され、法

▲左　美しい装飾が見られるモスク建築。　▲右　過酷な環境のなか優れた文化が育まれた

や習慣にいたるまでの厳格な信仰体系を特徴とし、イランでは多数派のスンニ派ではなく、シーア派が信仰されている（イスラム教徒の1割）。このシーア派では、預言者ムハンマドの娘婿アリーとその子孫をイマーム（指導者）とし、また「神隠れ状態にある12代目のイマームがいつの日か再臨し、世界を救う」という教えからは古代ペルシャのゾロアスター教の終末観が見いだせるという。

多民族国家

イランは中東屈指の多民族国家であることで知られ、ペル

【MEMO】

ASIA
イラン

　シャ揺籃の地ファールス地方、イラン北西のアゼルバイジャン地方、パキスタンとの国境にまたがって続くバルーチスタンなどの各地域で異なる民族が暮らしている。ペルシャ語を母語とし、国民の半数をしめるペルシャ人、タブリーズなどイラン北西部を中心に暮らすトルコ系のアゼリー人、ザグロス山中に分布するクルド人、中央アジアに近いイラン北西部に暮らすトルクメン人、イラクに隣接するフーゼスタンに暮らすアラブ人のほか、ルリ族、バフティヤーリー族、カシュガイ族などの遊牧民族も数多い。

▲左　遊牧的な生活を送る人も今なお多く存在する。　▲右　洋なし型のドーム、シーラーズにて

悠久の歴史

イラン高原に開かれれたこの国の歴史は、それまでオリエントで花開いていたメソポタミア文明を受け継ぐかたちで、紀元前6世紀のアケメネス朝ペルシャからはじまった。アレクサンダーの遠征（紀元前4世紀）、遊牧国家パルティア（紀元前3〜3世紀）などの統治をへて、ササン朝ペルシャ（3〜7世紀）の文化はシルクロードを通って唐でも花開いている。その後、7世紀にアラブ軍の侵入を受けイスラム化したあと、トルコ族のセルジューク朝やモンゴル族のイル・ハン国といった異民族による統治を受けることが多かっ

ASIA
イラン

た。再び、イラン的な王朝が登場するのはサファヴィー朝(16〜18世紀)の時代で、イスファハンに残る美しい広場やモスクはこの時代のものとなっている。その後、カージャル朝治下にはじめて首都がテヘランにおかれて近代化を迎え、20世紀のパフラヴィー朝、1979年のイスラム革命でのイラン・イスラム共和国の成立へと続いている。

【地図】イラン中心部

【地図】イラン中心部の [★★★]
- [ ] イスファハン Isfahan
- [ ] ペルセポリス Persepolis

【地図】イラン中心部の [★★☆]
- [ ] テヘラン Tehran
- [ ] シーラーズ Shiraz

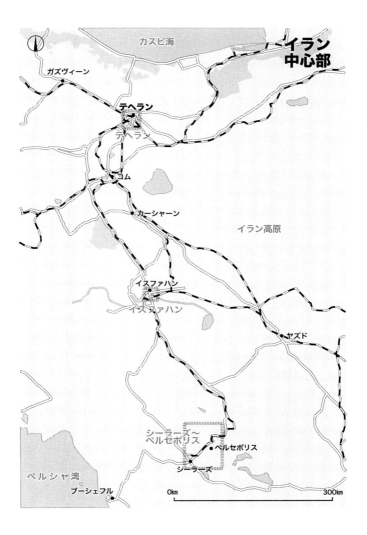

ASIA
イラン

【テヘラン】

アザディ・タワー Borj-e Azadi

バザール Bazar

ゴレスターン宮殿 Kakh-e Golestan

イラン考古学博物館 Muze-ye Iran-e Bastan

アーブギーネ博物館 Muze-ye Abgine

宝石博物館 National Jewels Museum

サーダーバード宮殿博物館 Majmue-ye Farhangi-ye Sa'd Abad

イマーム・ホメイニーの霊廟 Aramgah-e Imam Khomeini

イラン北部を東西に走るエルブレズ山脈の南麓に広がる首都テヘラン。標高 1250m の高原都市で、高層ビルがたちならび、地下鉄の走る中東有数の都会となっている。人口の一極集中が進み、街は拡大を続けるなか、交通渋滞、環境問題なども抱えている。

2500 年の歴史をもつイランにあって、テヘランが台頭するのは比較的新しく、18 世紀にザンド朝の行宮がおかれ、続くカージャル朝の首都がテヘランにおかれたことで発展するようになった。カージャル朝はトルクメン部族を出自とし、テ

テヘラン
Tehran
تهران

ヘランは彼らの本拠イラン北東部と南のイラン高原を結ぶちょうど結節点にあたっていた。

　カージャル朝（1779 〜 1925 年）以降、西欧化が目指されたパフラヴィー朝（1925 〜 1979 年）治下でもテヘランに首都がおかれ、とくに 20 世紀になってから街は急拡大した。1979 年のイラン・イスラム革命ではテヘランが舞台となり、そのときより国交が閉ざされたアメリカの旧大使館跡も残っている。

【地図】テヘラン

【地図】テヘランの [★★☆]
- [ ] アザディ・タワー Borj-e Azadi
- [ ] イマーム・ホメイニーの霊廟 Aramgah-e Imam Khomeini

【地図】テヘランの [★☆☆]
- [ ] サーダーバード宮殿博物館 Majmue-ye Farhangi-ye Sa'd Abad

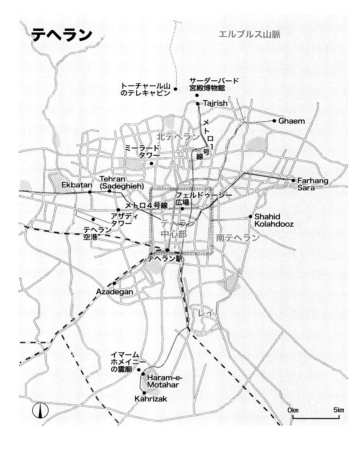

【MEMO】

Guide, Tehran

テヘラン城市案内

近代以降発展したテヘラン
他の街にくらべて歴史的遺構にとぼしいが
この国の政治、経済、文化の中心となっている

アザディ・タワー Borj-e Azadi ［★★☆］

テヘラン西部にそびえる高さ45mのアザディ・タワー。この街のシンボルとなっていて、エンゲラーブ通りでテヘラン中央部と結ばれている。イラン建国2500年を記念して1971年に建てられた。

【地図】テヘランバザール

【地図】テヘランバザールの [★★★]
- [ ] ゴレスターン宮殿 Kakh-e Golestan
- [ ] イラン考古学博物館 Muze-ye Iran-e Bastan

【地図】テヘランバザールの [★★☆]
- [ ] バザール Bazar

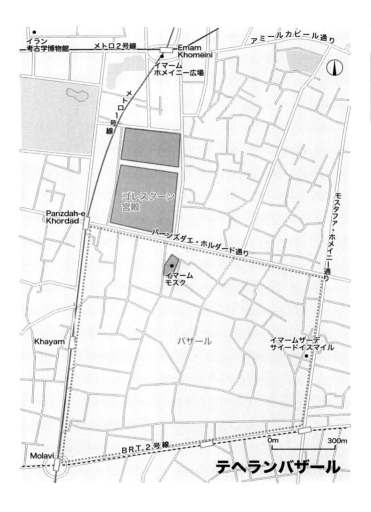

バザール Bazar [★★☆]

テヘラン中心部に位置するバザール。19世紀のカージャル朝時代以来の伝統をもち、区画ごとに絨毯、香辛料、工芸品などがならぶ。またカージャル朝第2代ファトフ・アリー・シャーの命によるテヘランでもっとも古いイマーム・モスクが立つ。

ゴレスターン宮殿 Kakh-e Golestan [★★★]

ゴレスターン宮殿は、18世紀以降テヘランに都をおいたカージャル朝時代の宮殿跡。現在は博物館になっていて、カージャ

▲左　イランが誇る考古学博物館、ペルシャ文化を網羅している。　▲右
ケバブと新鮮な野菜のイラン料理

ル朝王家の装飾品、工芸品などがならぶ。世界遺産。

イラン考古学博物館 Muze-ye Iran-e Bastan ［★★★］

イラン中から宝物、遺品が集められたイラン考古学博物館。この国最大の博物館で、アケメネス朝やササン朝ペルシャなどイスラム化する以前のものと、イスラム化以降のものにわけられて展示されている。ペルセポリス出土の遺品、ペルシャ陶器や細密画などが見られる。

【地図】フェルドゥシー通り

【地図】フェルドゥシー通りの [★★★]
- [ ] ゴレスターン宮殿 Kakh-e Golestan
- [ ] イラン考古学博物館 Muze-ye Iran-e Bastan

【地図】フェルドゥシー通りの [★☆☆]
- [ ] アーブギーネ博物館 Muze-ye Abgine
- [ ] 宝石博物館 National Jewels Museum

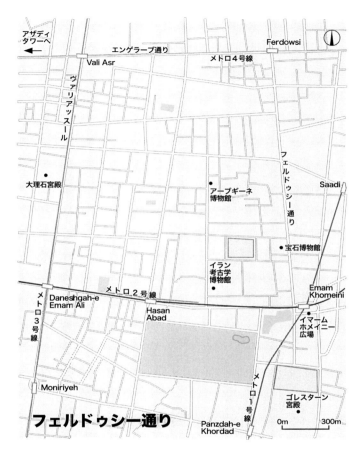

▲左 チャドルで身をおおったイラン人女性。 ▲右 アーブギーネ博物館

アーブギーネ博物館 Muze-ye Abgine ［★☆☆］

ペルシャン・グラスと陶器が展示されたアーブギーネ（ガラスと陶器の）博物館。カージャル朝時代の邸宅跡が博物館に転用されている。

宝石博物館 National Jewels Museum ［★☆☆］

3000ものダイヤがあしらわた『パフラヴィー・クラウン』、182カラットのピンク・ダイヤモンド『光の海』、『孔雀の玉座』、『宝石の地球儀』といった豪華絢爛な宝物をおさめた宝石博物館。イラン・メッリー銀行地下の金庫にある。

【MEMO】

サーダーバード宮殿博物館
Majmue-ye Farhangi-ye Sa'd Abad ［★☆☆］

テヘラン北のエルブレズ山脈南麓に広がるサーダーバード宮殿博物館。20世紀、パフラヴィー王家の宮殿がおかれていたところで、現在、博物館として公開されている。

▲左 街はペルシャ語表記で彩られている。 ▲右 雪をいただくエルブレズ山脈、テヘラン北を走る

イマーム・ホメイニーの霊廟
Aramgah-e Imam Khomeini [★★☆]

1979年に起こったイラン・イスラム革命の指導者で、現在のイランの礎を築いたイマーム・ホメイニーの霊廟。テヘラン南部に位置し、巡礼地となっている。

【MEMO】

【イスファハン】

イマーム広場 Imam Square
イマーム・モスク（王のモスク）Imam Mosque
シェイフ・ルトゥフ・アッラー・モスク Sheikh Lotfollah Mosque
アリー・カプー宮殿 Ali Qapu Palace
チェヘル・ソトゥーン宮殿 Chehel South Palace
ハシュト・ベヘシュト宮殿 Hasht Behesht Palace
チャハール・バーグ学院（王母の学院）Madraseh-ye Chahar Bagh
イスファハン・バザール Esfahan Bazaar
マスジッデ・ジャーメ（金曜モスク）Jameh Mosque
アリーのモスク Masjed-e Ali/ ザーヤンデ・ルード（川）Zayandeh River
スィ・オ・セ・ポル（33間橋）Si-O-She Bridge
ジョルファ地区 Jolfa

ザグロス山脈から流れるザーヤンデ・ルードの恵みで育まれたオアシス都市イスファハン。もともとイスファハンは紀元前にバビロン捕囚から逃れたユダヤ人が移住した街と伝えられ、その後もアラブ軍やセルジューク朝トルコの都がおかれていた。

そのようななか17世紀、サファヴィー朝の都が新たに造営され、イスファハンは最高の繁栄を迎えるようになった。イマーム広場を中心にタイル装飾がほどこされた宮殿、青色のドームを浮かべるモスクなど17世紀当時の遺構は今でも美し

Isfahan
イスファハン
اصفهان

い姿を見せている。

　サファヴィー朝時代、この街は「イスファハン・ネスフェ・ジャハーン（イスファハンは世界の半分）」とたたえられ、北京やイスタンブールなどとならぶ都として知られていた。1979年、このイマーム広場は世界遺産に指定され、世界中から人々が訪れている。

【地図】イスファハン

【地図】イスファハンの [★★★]
- ☐ イマーム広場 Imam Square
- ☐ イマーム・モスク（王のモスク）Imam Mosque

【地図】イスファハンの [★★☆]
- ☐ チェヘル・ソトゥーン宮殿 Chehel South Palace
- ☐ ハシュト・ベヘシュト宮殿 Hasht Behesht Palace
- ☐ チャハール・バーグ学院（王母の学院）Madraseh-ye Chahar Bagh
- ☐ イスファハン・バザール Esfahan Bazaar
- ☐ マスジッデ・ジャーメ（金曜モスク）Jameh Mosque
- ☐ ザーヤンデ・ルード（川）Zayandeh River
- ☐ スィ・オ・セ・ポル（33間橋）Si-O-She Bridge

【地図】イスファハンの [★☆☆]
- ☐ アリーのモスク Masjed-e Ali
- ☐ ジョルファ地区 Jolfa

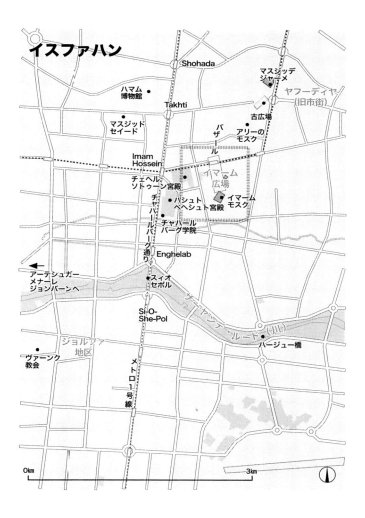

【MEMO】

【MEMO】

Iran イスファハン

【MEMO】

ASIA
イラン

**Guide,
Isfahan**

イスファハン城市案内

「イランの真珠」とたたえられるイスファハン
ペルシャ芸術の粋を集めたモスクや宮殿がならび
サファヴィー朝ペルシャの栄華を今に伝える

イマーム広場 Imam Square ［★★★］

サファヴィー朝ペルシャの首都として造営されたイスファハンの中心におかれたのがイマーム広場。当時は「王の広場」と呼ばれ、東西 160m、南北 512m の広場の四方には、イマーム・モスク、アリー・カプー宮殿、ルトゥフ・アッラー・モスク、バザールが配置された。「世界の半分」とたたえられたのがこの広場で、現在でも美しいたたずまいを見せている。

【地図】イマーム広場

【地図】イマーム広場の［★★★］
- ☐ イマーム広場 Imam Square
- ☐ イマーム・モスク（王のモスク）Imam Mosque

【地図】イマーム広場の［★★☆］
- ☐ シェイフ・ルトゥフ・アッラー・モスク Sheikh Lotfollah Mosque
- ☐ アリー・カプー宮殿 Ali Qapu Palace
- ☐ チェヘル・ソトゥーン宮殿 Chehel South Palace
- ☐ イスファハン・バザール Esfahan Bazaar

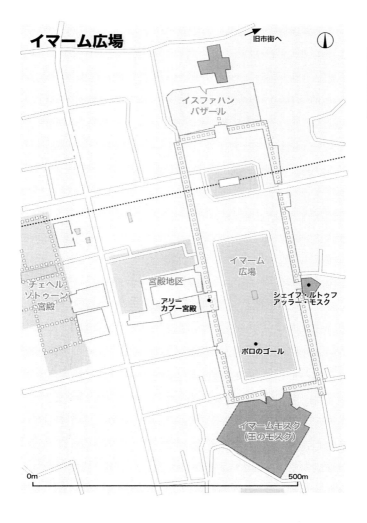

ASIA
イラン

イマーム・モスク（王のモスク）Imam Mosque ［★★★］
イスファハンのシンボルとも言えるイマーム・モスク。メッカの方角に礼拝堂が向くことから広場に対して45度かたむいている。17世紀に建てられたこのモスクはペルシャ芸術の最高傑作のひとつにあげられる。

**シェイフ・ルトゥフ・アッラー・モスク
Sheikh Lotfollah Mosque ［★★☆］**
イマーム広場の東側に位置するシェイフ・ルトゥフ・アッラー・モスク。ボリューム感ある黄色のドームを載せるこの

▲左　世界の半分と言われた広場。　▲右　イマーム・モスクはペルシャ建築の傑作

モスクは、サファヴィー王族用の礼拝堂だった。17世紀に建てられた。

アリー・カプー宮殿 Ali Qapu Palace ［★★☆］

イマーム広場にのぞむテラスをもつアリー・カプー宮殿。ここからサファヴィー朝の王は人々に謁見したり、外国使節を迎えたりした。イマーム広場西側は宮殿地区となっている。

ASIA
イラン

チェヘル・ソトゥーン宮殿 Chehel South Palace ［★★☆］
サファヴィー朝時代、迎賓館の役割を果たしていたチェヘル・ソトゥーン宮殿。この宮殿の20本の柱が池の水面に反射して2倍に見えることから「40本の柱」を意味するチェヘル・ソトゥーンと名づけられた。ここの庭園は世界遺産に指定されている（9つのペルシャ庭園のうちのひとつ）。

ハシュト・ベヘシュト宮殿 Hasht Behesht Palace ［★★☆］
チェヘル・ストーン宮殿の南側に位置するハシュト・ベヘシュト宮殿。ハシュト・ベヘシュトとは「8つの楽園」を意味し、

▲左 広場の西側は宮殿地区。 ▲右 サファヴィー王族が暮らしたハシュト・ベヘシュト宮殿

サファヴィー王族が起居する宮殿だった。

チャハール・バーグ学院（王母の学院）
Madraseh-ye Chahar Bagh ［★★☆］

サファヴィー朝末期に建てられたチャハール・バーグ学院。マドラサ、キャラバン・サライ、バザールからなり、アッバース2世の祖母であったディララム・ハーヌムが建設費用を出したことから、「王母の学院」とも呼ばれている。

【地図】チェヘルソトゥーン宮殿の [★★☆]

- [ ] チェヘル・ソトゥーン宮殿 Chehel South Palace

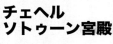

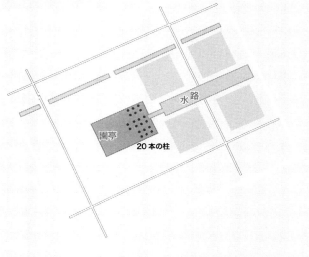

ASIA
イラン

イスファハン・バザール Esfahan Bazaar [★★☆]

イマーム広場から北東に向かって伸びるイスファハン・バザール。絨毯や絹製品、工芸品などがならぶ、イランを代表するバザールとして知られる。

▲左 イスファハンでもっとも高いアリーのミナレット。　▲右 イスファハン・バザールの香辛料屋さん

マスジッデ・ジャーメ（金曜モスク）Jameh Mosque[★★☆]

アッバース帝によってイマーム広場が造営される以前、イスファハンの中心だった旧市街に立つマスジッデ・ジャーメ。8世紀からの伝統をもつイスファハンでもっとも古いモスクとなっている。世界遺産。

アリーのモスク Masjed-e Ali [★☆☆]

イスファハンでもっとも高い54mのミナレットをもつアリーのモスク。旧市街に位置し、一際、目立つ。

▲左　スィ・オ・セ・ポル（33間橋）。　▲右　シルクロードを結ぶオアシス都市として発展してきた

ザーヤンデ・ルード（川）Zayandeh River ［★★☆］

イスファハンの西150kmのザグロス山脈を源とするザーヤンデ・ルード（川）。イスファハンはこの川の恵みで発展し、現在でもこの川をひくことで人々は生活を営んでいる。イスファハンで最大の川幅となり、海にそそがず砂漠に消えていく。

スィ・オ・セ・ポル（33間橋）Si‐O‐She Bridge ［★★☆］

ザーヤンデ・ルードに架かる長さ300m、幅14mのスィ・オ・セ・ポル（33間橋）。サファヴィー朝時代の17世紀のもので、アーチを33個連続させていることから名前がとられた。

【MEMO】

ASIA
イラン

ジョルファ地区 Jolfa ［★☆☆］
ジョルファ地区は17世紀、アッバース1世が整備したキャラバン・サライの一大拠点だったところ。アゼルバイジャン地方ジョルファに暮らしていたアルメニア商人が移住して商いを行なっていたところから、この名前がつけられた。そのためアルメニア教会のヴァーンク教会などヨーロッパ風の建物が見られる。

【シーラーズ】

キャリーム・ハン城塞 Arg-e Karim Khan
パールス宮殿 Pars Palace
マスジッド・ワキール Masjid Vakil
ワキール・バザール Bazar-e Vakil
マドラセイェ・ハーン Madrese-ye Khan
シャー・チェラーグ廟 Mausoleum of Shah-e Cheragh
マスジッド・ジャーメ Masjed-e Jame-e Atiq
イマームザーデ・アリー・イブネ・ハムゼ Imamzadeh Ali Ibn-e Hamzeh
ハーフィズ廟 Mausoleum of Hafez
サアディー廟 Mausoleum of Saadi
エラム庭園 Bagh-e Eram
コーラン（クルアーン）門 Darvazeh Qor'an

ペルセポリスをはじめとする古代ペルシャの遺構が多く残る「ペルシャ発祥の地」ファールス地方。シーラーズは7世紀にアラブ軍がイランに侵入して以来、この地方の中心地となっているところで、現在ではファールス州の州都がおかれている。

街の中心にはキャリーム・ハン城塞が立ち、その周囲にはワキール・バザールやモスクなど18世紀のザンド朝時代の遺構が残る。これらの建築はワキール(摂政)を名乗ったキャリーム・ハンの命で建てられたもので、18世紀のシーラーズには

Shiraz
シーラーズ
شیراز

ザンド朝の都がおかれていた。

　またシーラーズはハーフィズとサアディーといった中世ペルシャを代表する詩人が活躍した街で、現在でも「詩の都」とたたえられる。この街には美しいペルシャ庭園がいくつもあることで知られ、エラム庭園は世界遺産に指定されている。

【地図】シーラーズ全体図

【地図】シーラーズ全体図の [★★★]
- [ ] シャー・チェラーグ廟 Mausoleum of Shah-e Cheragh

【地図】シーラーズ全体図の [★★☆]
- [ ] ハーフィズ廟 Mausoleum of Hafez
- [ ] サアディー廟 Mausoleum of Saadi
- [ ] エラム庭園 Bagh-e Eram

【地図】シーラーズ全体図の [★☆☆]
- [ ] コーラン（クルアーン）門 Darvazeh Qor'an

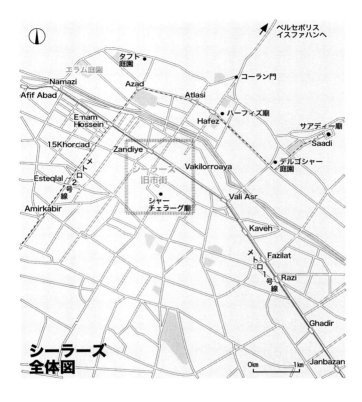

【MEMO】

Guide, Shiraz
シーラーズ城市案内

18世紀のザンド朝時代、キャリーム・ハンが首都としたことで
現在のシーラーズの街はかたちづくられた
美しき庭園や霊廟が残る「美の都」

キャリーム・ハン城塞 Arg-e Karim Khan ［★★☆］

シーラーズの中央にそびえるキャリーム・ハン城塞。サファヴィー朝滅亡後の18世紀にイランを統一したザンド朝の宮廷がおかれていた。

パールス宮殿 Pars Palace ［★☆☆］

キャリーム・ハン城塞の南に位置するパールス宮殿。ザンド朝の迎賓館がおかれていたが、現在では博物館に転用されている。

【地図】シーラーズ旧市街

【地図】シーラーズ旧市街の [★★★]
- [ ] シャー・チェラーグ廟 Mausoleum of Shah-e Cheragh

【地図】シーラーズ旧市街の [★★☆]
- [ ] キャリーム・ハン城塞 Arg-e Karim Khan
- [ ] マスジッド・ワキール Masjid Vakil
- [ ] ワキール・バザール Bazar-e Vakil
- [ ] マスジッド・ジャーメ Masjed-e Jame-e Atiq

【地図】シーラーズ旧市街の [★☆☆]
- [ ] パールス宮殿 Pars Palace
- [ ] マドラセイェ・ハーン Madrese-ye Khan
- [ ] イマームザーデ・アリー・イブネ・ハムゼ
   Imamzadeh Ali Ibn-e Hamzeh

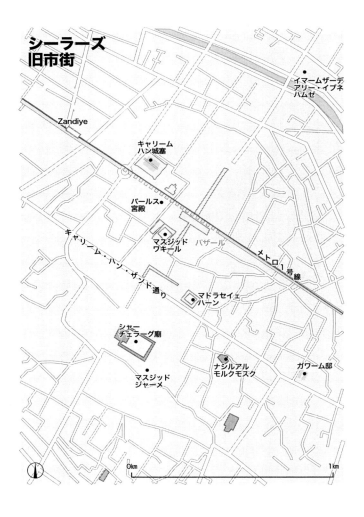

▲左 シーラーズの中心に位置するキャリーム・ハン城塞。　▲右 屋根でおおわれたワキール・バザールにて

マスジッド・ワキール Masjid Vakil ［★★☆］

18世紀、ザンド朝のキャリーム・ハンの命で建てられたマスジッド・ワキール。礼拝堂内部にはらせん状の円柱が48本立つ。

ワキール・バザール Bazar-e Vakil ［★★☆］

シーラーズの中心に広がるワキール・バザール。18世紀以来の伝統をもち、サラーエ・モシル茶屋やワキール浴場などが残る。

【MEMO】

ASIA
イラン

マドラセイェ・ハーン Madrese-ye Khan ［★☆☆］

ザンド朝以前のサファヴィー朝時代の17世紀に建てられたイスラム神学校マドラセイェ・ハーン。現在の建物はカージャル朝時代に改築されたものとなっている。

シャー・チェラーグ廟
Mausoleum of Shah-e Cheragh ［★★★］

シーラーズでもっとも多くの巡礼者を集めるシャー・チェラーグ廟。シャー・チェラーグはシーア派7代イマームの血をひく聖者で、民間信仰の中心地になっている。

▲左　シャー・チェラーグ廟。　▲右　マスジッド・ジャーメ内部、手前がボダイ・ハーネ

マスジッド・ジャーメ Masjed-e Jame-e Atiq ［★★☆］

875年以来の伝統をもつマスジッド・ジャーメ。「古いモスク」を意味するマスジッド・アティークとも呼ばれる。敷地内部の直方体の建物ホダーイ・ハーネ（図書館）は、14世紀、メッカのカーバ神殿を模して建てられた。

イマームザーデ・アリー・イブネ・ハムゼ
Imamzadeh Ali Ibn-e Hamzeh ［★☆☆］

美しい洋なし型のドームを載せるイマームザーデ・アリー・イブネ・ハムゼ。シーア派第7代イマームの血をひく聖者が

ASIA
イラン

まつられている。

ハーフィズ廟 Mausoleum of Hafez ［★★☆］
イランでもっとも愛されている詩人ハーフィズが眠る霊廟。14世紀、シーラーズで生まれたハーフィズはこの街で宮廷詩人として仕え、数々の名作を詠んだ。「友の顔なしでは、薔薇花も快くはあるまい / 酒がなければ春も楽しくはあるまい / 草原のほとり、園のそぞろ歩きも / チューリップの頬なしでは楽しくあるまい」といった自然、酒、恋などをテーマにした詩を残している。

▲左 エラム庭園は世界遺産に指定されている。 ▲右 イランを代表する詩人のハーフィズ廟

サアディー廟 Mausoleum of Saadi ［★★☆］

ハーフィズとならぶペルシャ詩人サアディー。シーラーズに生まれたサアディーはイスラム世界を30年にわたって放浪し、その後、『果樹園』と『薔薇園』という傑作を執筆した。「王座、王冠、支配、栄華もすべて／消え去るゆえに、なんの価値もない／人が世に留める名声こそは／黄金の宮殿にはるかにまさる」といった教訓的な詩で知られる。

ASIA
イラン

エラム庭園 Bagh-e Eram ［★★☆］

ペルシャ庭園を代表するエラム庭園。「地上の楽園」を意味し、19世紀のカージャル朝時代に造営された。『コーラン』で描かれた楽園がイメージされ、世界遺産にも指定されている。

コーラン（クルアーン）門 Darvazeh Qor'an ［★☆☆］

シーラーズの北の入口になっているコーラン門。18世紀のザンド朝時代に『コーラン』が安置され、旅人を祝福している。

【ペルセポリス】

クセルクセス門（万国の門）Xerxes' Gateway
アパダーナ（謁見の間）Apadana Palace
トリピュロン（中央宮殿）Central Palace
ハディーシュ（クセルクセスの宮殿）Hadish
タチャル（ダレイオス1世の宮殿）Palace of Darius Ⅰ
百柱の間 Palace of 100 Columns
ナグシェ・ロスタム Naghsh-e Rostam
パサルガダエ Pasargadae

ASIA
イラン

　今から2500年も昔に造営されたアケメネス朝ペルシャの宮殿ペルセポリス。神と同一視されたペルシャ王が玉座に坐し、イランの新年が祝われるなどアケメネス朝の宗教都市だった。

　紀元前6世紀、宗主国のメディアを破って建国されたアケメネス朝の領土は、イランからトルコ、北西インド、中央アジア、エジプトといった広大なものとなっていた。各地方からよりすぐりの職人や材料が集められ、その象徴となるペルセポリスの造営が進んだ。

تخت جمشید
ペルセポリス
Persepolis

　ダレイオス1世の時代にはじまったペルセポリスの建設は、その子クセルクセス、アルタクセルクセスへと受け継がれ、100年の歳月を要すことになった。やがて紀元前4世紀のアレクサンダーの遠征で破壊されたが、有翼獣やレリーフなどで古代オリエント芸術の結晶を見ることができる。

【地図】シーラーズ〜ペルセポリス

【地図】シーラーズ〜ペルセポリスの [★★★]
- [ ] ペルセポリス Persepolis
- [ ] パサルガダエ Pasargadae

【地図】シーラーズ〜ペルセポリスの [★★☆]
- [ ] ナグシェ・ロスタム Naghsh-e Rostam

【地図】シーラーズ〜ペルセポリスの [★☆☆]
- [ ] コーラン(クルアーン)門 Darvazeh Qor'an

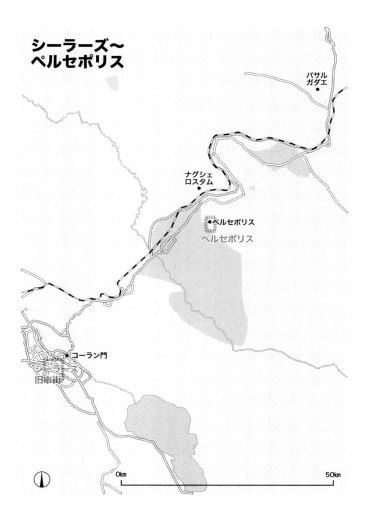

【地図】ペルセポリス

【地図】ペルセポリスの [★★★]
- [ ] アパダーナ（謁見の間）Apadana Palace

【地図】ペルセポリスの [★★☆]
- [ ] クセルクセス門（万国の門）Xerxes' Gateway
- [ ] タチャル（ダレイオス1世の宮殿）Palace of Darius I
- [ ] 百柱の間 Palace of 100 Columns

【地図】ペルセポリスの [★☆☆]
- [ ] トリピュロン（中央宮殿）Central Palace
- [ ] ハディーシュ（クセルクセスの宮殿）Hadish

ペルセポリス

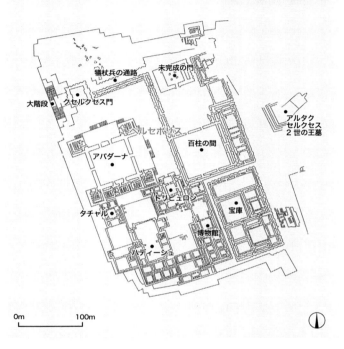

【MEMO】

**Guide,
Persepolis**

ペルセポリス
鑑賞案内

クーヘ・ラマハト（慈悲の山）山麓に広がるペルセポリス
美しく装飾された列柱や宮殿跡
古代オリエントの栄光を今に伝える

クセルクセス門（万国の門）Xerxes' Gateway ［★★☆］

ペルセポリスの正門の役割を果たしていたクセルクセス門。
守護神の人面有翼牡牛像が構えていた。

アパダーナ（謁見の間）Apadana Palace ［★★★］

アケメネス朝の王が臣下と謁見する場所だったアパダーナ。
かつて高さ20mの列柱が72本そびえ、その上部には木造屋根が載っていたという。東壁面には帝国各地から訪れた23の国々の使節が描かれている。

ASIA
イラン

トリピュロン（中央宮殿）Central Palace［★☆☆］
アパダーナの南東に位置するトリピュロン。ダレイオス１世が玉座に座り、その背後にクセルクセスが控える彫刻が残っている。

ハディーシュ（クセルクセスの宮殿）Hadish［★☆☆］
ダレイオス１世に続くクセルクセスの宮殿がおかれていたハディーシュ。頂上部に牡牛の柱頭を載せる円柱跡が残っている。

▲左 ペルセポリスではさまざまな動物をかたどった像が見られる。　▲右 列柱が美しい姿を見せる

タチャル（ダレイオス1世の宮殿）Palace of Darius I [★★☆]

ペルセポリスで祭祀が行なわれる際、ダレイオス1世が起居したというタチャル。この宮殿への階段の側面には、動物やブドウ酒の皮袋、食器や壺をたずさえた人々などが彫刻されている。

百柱の間 Palace of 100 Columns [★★☆]

かつて100本の列柱がならんでいた百柱の間。軍隊の待機所だったと伝えられ、アパダーナ（謁見の間）に次ぐ規模となっている。

ナグシェ・ロスタム Naghsh-e Rostam ［★★☆］

ペルセポリスの北6kmに位置するナグシェ・ロスタム。ここはダレイオス1世をはじめとするアケメネス朝ペルシャの王の墓があり、それらは断崖に刻まれている。またアケメネス朝以後、「栄光のペルシャ帝国の再興」を旗印にしたササン朝時代の浮彫やゾロアスター教の遺構も残っている。

▲左 ペルシャ王が眠るナグシェ・ロスタム。 ▲右 イランはじまりの地パサルガダエ

パサルガダエ Pasargadae［★★★］

ペルセポリスの北東70kmに位置するパサルガダエ。「ペルシャ人の本営」を意味し、アケメネス朝を樹立したキュロス王の宮殿跡、墓廟が残っている。史上初の帝国を築いた都市遺跡として世界遺産に指定されいるほか、ここの庭園は考えられる最古のペルシャ庭園として世界遺産に指定されている。

イスラム空間の魅惑

Iran　イスラム空間の魅惑

入りくんだバザールをそぞろ歩くと
モスクからアザーンが聴こえる
そこで見られるのは信仰と生活が一体となった風景

信仰の場モスク（イスラム寺院）

イスラム世界でもっとも重要なのがアッラーへの礼拝を行なうモスク。モスクという呼び名は英語で読まれたもので、アラビア語ではマスジッドと言う。モスク内部には聖地メッカへの方角を示すくぼみミフラーブがあり、美しい装飾がほどこされている。とくにマスジッデ・ジャーメ（金曜モスク）では金曜日の集団礼拝が行なわれ、イスラム教徒の信仰の拠りどころとなっている。近代以前、モスクは信者の寄付によって運営管理されていたため、商業活動を行なうバザール、教育施設のマドラサが周囲に配されることが多かった。

ASIA
イラン

都市の中心にあるメイダン（広場）

イスラム世界の都市の中心部にある広場。とくに集団礼拝が行なわれるマスジッデ・ジャーメ（金曜モスク）に隣接する広場は、政治、経済、文化すべてにおいて、街の中心となってきた。広場は古代ペルシャからの伝統があり、市民が集まって談笑したり、露店など市場が立つなどの日常的な公共空間の場だった（処刑場や練兵場としての機能もあった）。イスファハンのメイダネ・コフネなどがイランを代表する広場として知られている。

▲左　バザールではグラム売りで売買される。　▲右　イスラム文化はイランで高度に洗練された

生活を支えるバザール（市場）

広場とならんで都市の核となる市場バザール。ペルシャ語のバザールは日本語のなかにもとり入れられている（アラビア語では市場をスークと呼ぶ）。ここでは穀物や羊肉、野菜などの食料、生活雑貨などの店舗がならぶ。7世紀以後のイスラム教の広がりとともに各地でバザールが形成されたが、バザールの売上からの寄付でモスクやマドラサ、キャラバン・サライが運営されていた。

ASIA
イラン

イスラム神学を学ぶマドラサ（学院）

イスラム教の高等教育を行なう施設マドラサ。イスラム法や神学、天文学や医学などが教えられていた。マドラサがイスラム世界で広がるのは、11世紀のセルジューク朝トルコの時代のことで、宰相ニザーム・アルムルクに各地に設立したことにはじまる。イランではどんな街にもマドラサがあり、モスクに付属していたり、それ自体が礼拝堂の役割を果たしている。イマームが高い地位をしめるシーア派では、マドラサはとくに重要で、学院の設備は寄付によって支えられていた。

イスラム空間の魅惑

▲左　チャドルをまとった女性が見える、バザールにて。　▲右　イスファハンのイマーム広場、遅くまでにぎわう

人々がくつろぐチャイハネ（喫茶店）

チャイハネはイスラム世界各地で見られる喫茶室で、「茶」を意味するチャイと「家」を意味するハネがあわさってこう呼ばれるようになった。チャイハネを訪れるのは男性だけだが、ここは情報交換の場所、人々と触れ合う社交場といったさまざまな側面をもっている。イランのチャイハネには水タバコも備えられていて、バラやフルーツなどさまざまな香りが楽しめる。またエチオピア原産のコーヒーは、イスラム教徒のあいだで飲用されはじめた嗜好品で、その喫茶文化がヨーロッパへと伝わった。

ASIA
イラン

身体を清めるハマム（浴場）

広場、モスク、バザールなどとともに街にかかせない公衆浴場ハマム（イスラム教では、心身とも清潔に保っておくことが美徳とされる）。ハマムという形態は古代ローマの浴場文化を受け継いだものだとされ、その構造にも類似点が認められるという。浴場には水、お湯のほか、蒸し風呂もあり、脱衣場では茶などを飲んでくつろぐ人々の姿も見られる。

Iran　イスラム空間の魅惑

交易をになったキャラバン・サライ（隊商宿）
キャラバン・サライは、インドからイランを経て遠くヨーロッパまで続いた街道をゆく隊商のための宿泊施設。中庭をもつロの字型の建物となっていて、1階には商人の取引所、倉庫、ラクダの待機所があり、2階には商人のための宿泊部屋がおかれていた（入口は正面1ヵ所で閉鎖的）。キャラバン・サライでは遠隔地から届いた物資の取引が行なわれ、それは隣接するバザールへと卸された。街道筋のいたるところにおかれたキャラバン・サライでは、商人たちの経済活動がうまくいくように安全性の確保が優先されていた。

ASIA
イラン

楽園が具現化されたバーグ（庭園）

乾燥地帯が続く西アジアにあって、水が流れ、樹木の茂る庭園はしばしば『コーラン』で描かれた楽園のイメージと重ねて見られてきた。ここでは人々が集まり、果樹を食べ、詩を詠んだり、音楽を奏でたりして時間を過ごした。もともとパラダイス（楽園）の語源は、ペルシャ庭園（パエリ・ダーサ）が古代ギリシャに伝わったもので、とくにペルシャ式チャハール・バーグでは楽園に流れる４本の河を具現化して庭園を四分割されるといった様式が発達した。またサファヴィー朝など遊牧民を出身とする王族は都市ではなく、郊外の庭園に宮殿をつくって生活の場とした。

▲左　人々が集まる庭園は楽園に重ねられた。　▲右　山が連なるイラン高原の街々、乾燥地帯を車が走る

人々の祈りとともにイマームザーデ（聖者廟）

イスラム聖者が安置された聖者廟をイマームザーデ（「イマームの子孫」という意味）といい、バザールなど街中にあってモスクよりもはるかに数が多い。聖者廟内部では中央に棺型の墓石が安置され、その周囲を金属の柵で囲まれている。また壁面にはシーア派イマーム・アリーか、その息子のホセインの肖像などが飾られている。墓石は緑色の布で包まれ、きれいな花が飾られており、来訪者は時計と逆周りに歩いて回る。病気の治癒、安産、就職など、あらゆる祈願するため人々が訪れ、ここで祈れば願いがかなうと信じられている。

参考文献

『イラン史』(蒲生礼一 / 修道社)

『イスラム建築がおもしろい！』(深見奈緒子 / 彰国社)

『古代イランの美術』(ロマン・ギルシュマン / 新潮社)

『ペルシア建築』(A・U・ホープ / 鹿島出版会)

『楽園のデザイン』(ジョン・ブルックス / 鹿島出版会)

『ペルシア美術史』(深井晋司・田辺勝美 / 新潮社)

『アラビア・ペルシア集』(ハーフィズ・サアディー・蒲生礼一訳・黒柳恒男訳 / 筑摩書房)

『事典イスラームの都市性』(板垣雄三・後藤明 / 亜紀書房)

『世界大百科事典』(平凡社)

[PDF] テヘラン地下鉄路線図 http://machigotopub.com/pdf/teheranmetro.pdf

まちごとパブリッシングの旅行ガイド

Machigoto INDIA , Machigoto ASIA , Machigoto CHINA

【北インド - まちごとインド】

001 はじめての北インド
002 はじめてのデリー
003 オールド・デリー
004 ニュー・デリー
005 南デリー
012 アーグラ
013 ファテープル・シークリー
014 バラナシ
015 サールナート
022 カージュラホ
032 アムリトサル

【西インド - まちごとインド】

001 はじめてのラジャスタン
002 ジャイプル
003 ジョードプル
004 ジャイサルメール
005 ウダイプル
006 アジメール(プシュカル)
007 ビカネール
008 シェカワティ
011 はじめてのマハラシュトラ
012 ムンバイ
013 プネー
014 アウランガバード
015 エローラ
016 アジャンタ
021 はじめてのグジャラート
022 アーメダバード
023 ヴァドダラー(チャンパネール)
024 ブジ(カッチ地方)

【東インド - まちごとインド】

002 コルカタ
012 ブッダガヤ

【南インド - まちごとインド】

001 はじめてのタミルナードゥ
002 チェンナイ
003 カーンチプラム
004 マハーバリプラム
005 タンジャヴール
006 クンバコナムとカーヴェリー・デルタ
007 ティルチラパッリ
008 マドゥライ
009 ラーメシュワラム
010 カニャークマリ
021 はじめてのケーララ
022 ティルヴァナンタプラム
023 バックウォーター(コッラム〜アラップーザ)
024 コーチ(コーチン)
025 トリシュール

【ネパール - まちごとアジア】

001 はじめてのカトマンズ
002 カトマンズ
003 スワヤンブナート

004 パタン
005 バクタプル
006 ポカラ
007 ルンビニ
008 チトワン国立公園

【バングラデシュ - まちごとアジア】

001 はじめてのバングラデシュ
002 ダッカ
003 バゲルハット（クルナ）
004 シュンドルボン
005 プティア
006 モハスタン（ボグラ）
007 パハルプール

【パキスタン - まちごとアジア】

002 フンザ
003 ギルギット（KKH）
004 ラホール
005 ハラッパ
006 ムルタン

【イラン - まちごとアジア】

001 はじめてのイラン
002 テヘラン
003 イスファハン
004 シーラーズ
005 ペルセポリス
006 パサルガダエ（ナグシェ・ロスタム）
007 ヤズド
008 チョガ・ザンビル（アフヴァーズ）
009 タブリーズ
010 アルダビール

【北京 - まちごとチャイナ】

001 はじめての北京
002 故宮（天安門広場）
003 胡同と旧皇城
004 天壇と旧崇文区
005 瑠璃廠と旧宣武区
006 王府井と市街東部
007 北京動物園と市街西部
008 頤和園と西山
009 盧溝橋と周口店
010 万里の長城と明十三陵

【天津 - まちごとチャイナ】

001 はじめての天津
002 天津市街
003 浜海新区と市街南部
004 薊県と清東陵

【上海 - まちごとチャイナ】

001 はじめての上海
002 浦東新区
003 外灘と南京東路
004 淮海路と市街西部
005 虹口と市街北部
006 上海郊外（龍華・七宝・松江・嘉定）
007 水郷地帯（朱家角・周荘・同里・甪直）

【河北省 - まちごとチャイナ】

001 はじめての河北省
002 石家荘
003 秦皇島
004 承徳
005 張家口
006 保定
007 邯鄲

【江蘇省 - まちごとチャイナ】

001 はじめての江蘇省
002 はじめての蘇州
003 蘇州旧城
004 蘇州郊外と開発区
005 無錫
006 揚州
007 鎮江
008 はじめての南京
009 南京旧城
010 南京紫金山と下関
011 雨花台と南京郊外・開発区
012 徐州

【浙江省 - まちごとチャイナ】

001 はじめての浙江省
002 はじめての杭州
003 西湖と山林杭州
004 杭州旧城と開発区
005 紹興
006 はじめての寧波
007 寧波旧城
008 寧波郊外と開発区
009 普陀山
010 天台山
011 温州

【福建省 - まちごとチャイナ】

001 はじめての福建省
002 はじめての福州
003 福州旧城
004 福州郊外と開発区
005 武夷山
006 泉州
007 厦門
008 客家土楼

【広東省 - まちごとチャイナ】

001 はじめての広東省
002 はじめての広州
003 広州古城
004 天河と広州郊外
005 深圳（深セン）
006 東莞
007 開平（江門）
008 韶関
009 はじめての潮汕
010 潮州
011 汕頭

【遼寧省 - まちごとチャイナ】

001 はじめての遼寧省
002 はじめての大連
003 大連市街
004 旅順
005 金州新区

006 はじめての瀋陽
007 瀋陽故宮と旧市街
008 瀋陽駅と市街地
009 北陵と瀋陽郊外
010 撫順

【重慶 - まちごとチャイナ】

001 はじめての重慶
002 重慶市街
003 三峡下り（重慶〜宜昌）
004 大足

【香港 - まちごとチャイナ】

001 はじめての香港
002 中環と香港島北岸
003 上環と香港島南岸
004 尖沙咀と九龍市街
005 九龍城と九龍郊外
006 新界
007 ランタオ島と島嶼部

【マカオ - まちごとチャイナ】

001 はじめてのマカオ
002 セナド広場とマカオ中心部
003 媽閣廟とマカオ半島南部
004 東望洋山とマカオ半島北部
005 新口岸とタイパ・コロアン

【Juo-Mujin（電子書籍のみ）】

Juo-Mujin 香港縦横無尽
Juo-Mujin 北京縦横無尽
Juo-Mujin 上海縦横無尽

【自力旅游中国 Tabisuru CHINA】

001 バスに揺られて「自力で長城」
002 バスに揺られて「自力で石家荘」
003 バスに揺られて「自力で承徳」
004 船に揺られて「自力で普陀山」
005 バスに揺られて「自力で天台山」
006 バスに揺られて「自力で秦皇島」
007 バスに揺られて「自力で張家口」
008 バスに揺られて「自力で邯鄲」
009 バスに揺られて「自力で保定」
010 バスに揺られて「自力で清東陵」
011 バスに揺られて「自力で潮州」
012 バスに揺られて「自力で汕頭」
013 バスに揺られて「自力で温州」

【車輪はつばさ】
南インドのアイラヴァテシュワラ寺院には建築本体に車輪がついていて寺院に乗った神さまが人びとの想いを運ぶと言います。

・本書はオンデマンド印刷で作成されています。
・本書の内容に関するご意見、お問い合わせは、発行元の
　まちごとパブリッシング info@machigotopub.com までお願いします。

まちごとアジア
イラン001はじめてのイラン
～「シルクロード」たどってペルシャへ [モノクロノートブック版]

2017年11月14日　発行

著　者	「アジア城市（まち）案内」制作委員会
発行者	赤松　耕次
発行所	まちごとパブリッシング株式会社 〒181-0013　東京都三鷹市下連雀4-4-36 URL http://www.machigotopub.com/
発売元	株式会社デジタルパブリッシングサービス 〒162-0812　東京都新宿区西五軒町11-13 清水ビル3F
印刷・製本	株式会社デジタルパブリッシングサービス URL http://www.d-pub.co.jp/

MP047

ISBN978-4-86143-181-4 C0326　　Printed in Japan
本書の無断複製複写（コピー）は、著作権法上での例外を除き、禁じられています。